VENTE

HOTEL DROUOT — SALLE N° 11

Le Samedi 16 Mai 1908

A 2 HEURES

EXPOSITION PUBLIQUE

Le Vendredi 15 Mai 1908

DE 2 H. A 6 HEURES

Objets de Vitrine

MINIATURES, BOITES, MONTRES ANCIENNES

BIJOUX MODERNES

Tableaux, Dessins, Gravures

BRONZES, SCULPTURES, CERAMIQUES

BEAUX MEUBLES

STYLES RENAISSANCE ET LOUIS XV

Tapis, Broderies, Etoffes

Me Edouard FOURNIER

COMMISSAIRE-PRISEUR

29, Rue de Maubeuge, 29

M. Arthur BLOCHE

EXPERT PRÈS LA COUR D'APPEL

52, Rue de Châteaudun, 52

IMPRIMERIE ARTISTIQUE
C. CHAUFOUR
RUE MILTON 8.10
PARIS

CONDITIONS DE LA VENTE

La vente sera faite au comptant.

Les acquéreurs paieront *dix pour cent* en sus des enchères.

L'Exposition mettant le public à même de se rendre compte des objets, aucune réclamation ne sera admise une fois l'adjudication prononcée.

DÉSIGNATION

OBJETS DE VITRINE, BIJOUX

1 — Miniature ronde : Portrait de jeune femme assise tenant un éventail dans la main droite.

2 — Miniature ronde : Portrait de la Dugazon représentée debout en robe blanche et accoudée sur un meuble. Signée à droite VERNEUIL.

3 — Miniature ronde : Portrait de femme en robe blanche garnie de fourrure, avec grand chapeau bleu à plumes. Époque Empire.

4 — Petite miniature ovale : Portrait de femme costume à collerette avec diadème en écaille dans les cheveux.

5 — Miniature ovale : Portrait d'homme vêtu d'une veste bleue.

6 — Miniature : Portrait de chinois.

7 — Miniature ovale : Portrait de femme en robe blanche décolletée avec grand chapeau à plumes.

8 — Miniature carrée : Portrait de jeune fille vêtue d'un corsage bleu, fond de paysage.

9 — Miniature ronde : Portrait d'homme de la Restauration.

10 — Miniature : Portrait de femme avec boucles retombant sur ses tempes et signée JACQUEMIN.

11 — Miniature ovale : Portrait d'homme vêtu d'une armure.

12 — Petite peinture ovale sur cuivre : Portrait d'homme en costume noir et rabat blanc. (Ecole flamande du XVIIe siècle).

13 — Miniature ronde sur ivoire de l'Ecole Anglaise. Portrait de jeune femme à corsage rouge décolleté.

14 — Miniature ovale Empire, attribué à Isabey. Portrait de femme, corsage blanc décolleté, laissant entrevoir la poitrine.

15 — Grosse montre Louis XV en cuivre ciselé dans un étui en cuir avec chaîne et cordon ornés d'une breloque et d'objets en or.

16 — Grosse montre à répétition en argent ciselé, partie ajourée, à animaux fantastiques et ornements.

17 — Grosse montre en argent, cadran orné d'un émail représentant le travail des champs.

18 — Montre Louis XV en or, boîtier ciselé représentant l'Offrande à l'amour, cadran entouré de strass.

19 — Montre Louis XVI en or, boîtier émaillé, entourage de demi perles.

20 — Montre Empire en argent, cadran émaillé à vase de fleurs et coq.

21 — Montre Empire, cadran émaillé représentant une femme indiquant l'heure.

22 — Montre Louis XV en or, boîtier gravé : « Changeons Minon », avec chaîne et breloque.

23 — Montre anglaise en argent Louis XV, signée Wilson, Londres.

24 — Montre Louis XV en or, cadran entouré de strass, boîtier émaillé représentant la Déclaration ; cadran signé L'Espine.

25 — Montre Louis XV en or, boîtier orné d'un portrait, entourage de strass.

26 — Montre en argent ciselé, cadran signé Veigneur, à Genève.

27 — Montre en or, gravé sur le boîtier à inscription : Souvenir du 15 octobre 1811.

28 — Bonbonnière en ivoire sculpté à fleurs et feuillage, XVIIIe siècle.

29 — Boule en ivoire sculpté s'ouvrant à charnière et représentant à l'intérieur d'un côté le le portrait de Jeanne d'Arc et de l'autre un épisode de sa vie.

30 — Petite statuette en ivoire représentant saint Jean-Baptiste endormi, assis sur un cœur et tenant un agneau sur ses genoux, XVIe siècle.

31 — Petit coffret oblong en laque noire, incrustée d'argent sur le couvercle.

32 — Miniature : Portrait de femme Empire à robe blanche décolletée.

33 — Portrait de femme Empire à robe blanche et grand fichu de dentelle.

34 — Deux miniatures : Portraits de femmes.

35 — Deux bonbonnières en bois sculpté.

36 — Deux médaillons représentant Napoléon Ier.

37 — Bonbonnière en argent ciselé : Enfants jouant autour d'un baquet.

48 — Epingle tête de cheval en pierre violette.

39 — Bracelet ajouré en or enrichi de grosses pierres de couleur.

40 — Bracelet en or orné d'une boucle en strass.

41 — Broche forme trèfle à quatre feuilles en brillants et roses.

42 — Bague en or enrichie d'un brillant.

43 — Bague en or enrichie de deux brillants et de brillants plus petits sur le corps.

44 — Bague enrichie d'une perle entourée de diamants.

45 — Bague en rubis et diamants.

46 — Bracelet en or avec brillants et perles.

47 — Broche en perles et diamants.

48 — Bague en brillants.

49 — Paire de boutons d'oreilles en saphirs et diamants.

50 — Bague en saphir et diamants.

51 — Bourse en cotte de maille vermeil.

52 — Bague en perles et diamants.

53-58 — Divers bijoux en or enrichis de pierres de couleur.

OBJETS D'ART

59 — Statuette de Vierge en pierre sculptée.

60 — Statuette d'Ange en bois sculpté.

61 — Christ en ivoire.

62 — Cadre en bois sculpté Renaissance.

63 — Potiche en porcelaine du Japon décor polychrome.

64 — Pied de lampe en cuivre incrusté d'argent, travail de Perse.

65 — Lanterne ancienne en cuivre incrusté d'argent, travail de Perse.

66 — Tabouret ancien en bois incrusté de nacre.

67 — Groupe en porcelaine d'Allemagne.

68 — Petit coffret en porcelaine décorée genre de Sèvres.

69 — Deux petites figurines en porcelaine d'Allemagne.

70 — Pot à lait en porcelaine de Sèvres, décor bleu et or.

71 — Petite bonbonnière en porcelaine décorée.

72 — Bonbonnière en émail fond bleu garnie de bronze.

73 — Tasse et soucoupe en porcelaine décorée, genre de Sèvres.

74 — Support de tasses en argent émaillé de Genève.

75 — Huit carreaux en faïence italienne.

76 — Bronze représentant la Bastille.

77 — Plat en bronze.

78 — Panneau encadré en broderie de soie.

79 — Clochette décor représentant Napoléon.

80 — Deux verres de Venise.

81 — Perroquet faïence fond vert.

82 — Mouton en porcelaine de Capo di Monte.

83 — Plat en porcelaine de Capo di Monte offrant une vue de château.

84 — Quatre petits flacons en matières diverses.

85 — Petit vase bleu et blanc dessin à fleurs.

86 — Douze assiettes, dont six creuses et six plates en porcelaine de Sèvres, marquées du chiffre couronné de Napoléon III.

87 — Paire de vases de Chine décor à paysages en émaux de couleur.

88 — Jardinière de Chine décor polychrome.

89 — Deux vases décorés de personnages en couleur.

90 — Paire de vases avec couvercles décor en bleu.

91 — Paire de vases de Chine décor dans le goût de la famille verte

92 — Vasque de Chine riche décor en émaux de couleur.

93 — Garniture de cinq pièces décor polychrome.

94 — Paire de vases décor en bleu sur blanc.

TABLEAUX

DESSINS, GRAVURES

95 — ANDRIEUX. Un duel au village.

96 — BEAUGRAND. Halte de cavaliers en Orient. Esquisse.

97 — BLIN (F.). Marée basse.

98 — BONVIN (F.). Intérieur : Escalier.

99 — BOUCHER (D'après). Les Grâces au bain. Gravures en couleur).

100 — DAUBIGNY (Genre de). Clair de lune. Etude.

101 — FRAGONARD (D'après). La Gimblette. Gravure en couleur.

102 — FROMENTIN. Rue orientale. (Croquis provenant de sa vente.)

103 — GIRARDIN (E.). La Nuit. Aquarelle.

104-105 — GUILLEMET (A.). Deux paysages.

106 — GUTTMANN (F.). Marine.

107 — GUTTMANN (F.). Le Vieux Marcheur.

108 — GUTTMANN (F.). En route.

109 — GUTTMANN (F.). Après la tempête.

110 — GUTTMANN (F,). Marine.

111 — GUTTMANN (F.). Paysage au printemps.

112 — HAWKINS. En Normandie.

113 — JOANNON. Vue de Montmartre.

114 — JUND. Au cabaret.

115 — NORBERT-GENNETTE. Portrait de femme. Dessin avec dédicace.

116 — SCHEFFER (D'après Ary). Faust. Dessin.

117 — ECOLE ANCIENNE. Scènes diverses. (Cinq panneaux.)

118 — ECOLE ANCIENNE. Scène mythologique.

119 — ECOLE FLAMANDE. Le Joueur de flûte.

120 — ECOLE FLAMANDE. L'Ascension.

121 — ECOLE FRANÇAISE. Portrait de Mme F.

122 — ECOLE MODERNE. Femme nue. Etude.

123 — ECOLE MODERNE. Nature morte : fruits.

124 — ECOLE MODERNE. Les Ruines de Pompeï.

125 — ECOLE MODERNE. Paysage.

MEUBLES

126 — Important ameublement de salle à manger en noyer finement sculpté style Renaissance composé d'un grand buffet crédence d'aspect monumental offrant au bas-relief des compositions inspirées des cartons de Jean Goujon, une desserte-dressoir à portes pleines et étagères, dessus en marbre, une table à cinq rallonges, piètement à arcades et huit chaises couvertes en cuir ciselé et repoussé.

127 — Grand bureau plat à contours en bois rose et palissandre orné de bronzes, à cariatides de femmes et rocailles, style Louis XV.

128 — Grande bibliothèque grillagée à trois portes en bois rose et palissandre ornée de bronzes rocailles, dessus en marbre rouge, style Louis XV.

129 — Meuble de salon, canapé et quatre chaises en bois sculpté laqué blanc, couverts en velours ciselé fond vert, style Louis XV.

130 — Deux meubles à deux corps formant vitrine dans le haut en marqueterie de Boule, ornés de bronzes.

131 — Guéridon en bois de palissandre marqueté style Louis XVI.

132 — Petite table ornée de bronzes, style Louis XVI.

133-136 — Quatre meubles de formes diverses, style XVIIIe siècle.

TAPIS, ÉTOFFES

137 — Tapis d'Aubusson décor à médaillons.

138 — Tapis d'Orient.

139 — Tapis d'Orient dessin polychrome.

140 — Cachemire fond blanc, avec bordure.

141 — Châle à deux faces brodé à personnages, oiseaux et fleurs sur fond vieil or, têtes de personnages en ivoire. Travail espagnol.

142 — Panneau de deux mètres en damas de soie rouge.

143 — Panneau de $5^{m}20$ en damas de soie verte.

144 — Tapis de table en satin brodé en relief.

145 — Dessus de piano satin rouge brodé de soie, travail oriental.

146 — Panneau en soie bleue brodée.

147 — Deux tabliers en soie crême de même travail.

148 — Dessus de coussin en satin brodé d'or.

149 — Dessus de piano en satin vert brodé d'or.

150 — Dessus de coussin en velours jaune brodé en relief.

151 — Tapis ancien de Perse fond rouge à médaillon.

152 — Petit tapis ancien de Boukhara.

153 — Panneau soie crême et bleu brodé d'argent, travail algérien.

154 — Panneau en toile brodée de soie, dessin polychrome, travail du Maroc.

155 — Tapis de table en satin rouge brodé de soie.

156 — Panneau en toile brodée de soie, dessin polychrome.

157 — Couvre-lit ancien en satin, même travail d'Orient.

158 — Housse en satin rouge brodé de fils de soie et d'or, travail ancien de Constantinople.

159 — Grand coussin en broderie d'or sur fond de satin rouge, travail ancien d'Orient.

160 — Panneau en satin fond bleu brodé, travail d'Orient.

161 — Devant de cheminée orné de franges en ancienne broderie orientale.

162 — Panneau en broderie de perles.

163 — Deux panneaux de brocart ancien.

164 — Deux dessus de coussins anciens brodés.

165 — Panneaux en satin blanc brodé à bouquets de fleurs.

166 — Panneau en soie rayée jaune et bleu.

167 — Panneau d'étoffe Louis XV fond jaune.

168 — Panneau d'étoffe Louis XV.

169 — Deux revers de manches, travail du Japon.

170 — Un mètre vingt centimètres de lampas Louis XV.

171 — Cinq mètres de brocart ancien fond rouge lamé d'or.

172 — Deux fragments de chasuble ancienne brodée.

173 — Quatre bandes de taffetas ancien broché.

174 — Deux dessous de coussin de même travail.

175 — Dessus de coussin ancien brodé au coq ancien.

176 — Dessus de coussin brodé à la cigogne, ancien.

177 — Deux dessus de table en broderie d'or sur fond de velours grenat.

178 — Panneau ancien en velours soutaché de vert.

179 — Panneau ancien en velours soutaché de rouge.

180 — Panneau de 8m80 en damas Louis XV. gris bleu.

181 — 8m50 de bordure en satin bleu broché de Turquie.

182 — Objets omis.

www.ingramcontent.com/pod-product-compliance
Ingram Content Group UK Ltd.
Pitfield, Milton Keynes, MK11 3LW, UK
UKHW032038260826
14628UKWH00007B/3028

9 782329 519470